Student Informal

Name:	
School year:	
Grade:	

Name:	
School year:	
Grade:	

Name:	
School year:	
Grade:	

Name:	
School year:	
Grade:	

Attendance

	September	October	November	December	January	February	March	April	May	June	July	August
1												
2												
3												
4												
5												
6												
7												
8												
9												
10												
11												
12												
13												
14												
15												
16												
17												
18												
19												
20												
21												
22												
23												
24												
25												
26												
27												
28												
29												
30												
31												
Totals:												

Attendance

	September	October	November	December	January	February	March	April	May	June	July	August
1												
2												
3												
4												
5												
6												
7												
8												
9												
10												
11												
12												
13												
14												
15												
16												
17												
18												
19												
20												
21												
22												
23												
24												
25												
26												
27												
28												
29												
30												
31												
Totals:												

Attendance

	September	October	November	December	January	February	March	April	May	June	July	August
1												
2												
3												
4												
5												
6												
7												
8												
9												
10												
11												
12												
13												
14												
15												
16												
17												
18												
19												
20												
21												
22												
23												
24												
25												
26												
27												
28												
29												
30												
31												
Totals:												

Attendance

	September	October	November	December	January	February	March	April	May	June	July	August
1												
2												
3												
4												
5												
6												
7												
8												
9												
10												
11												
12												
13												
14												
15												
16												
17												
18												
19												
20												
21												
22												
23												
24												
25												
26												
27												
28												
29												
30												
31												
Totals:												

Date:	Name:

Subject:	Assignment:	Time:

Date:	Name:

Subject:	Assignment:	Time:

Date:	Name:

Subject:	Assignment:	Time:

Date:	Name:

Subject:	Assignment:	Time:

Date:	Name:

Subject:	Assignment:	Time:

Date:	Name:

Subject:	Assignment:	Time:

Date:	Name:

Subject:	Assignment:	Time:

Date:	Name:

Subject:	Assignment:	Time:

Date:	Name:

Subject:	Assignment:	Time:

Date:	Name:

Subject:	Assignment:	Time:

Date:	Name:

Subject:	Assignment:	Time:

Date:	Name:

Subject:	Assignment:	Time:

Date:	Name:

Subject:	Assignment:	Time:

Date:	Name:	

Subject:	Assignment:	Time:

Date:	Name:

Subject:	Assignment:	Time:

Date:	Name:

Subject:	Assignment:	Time:

Date:	Name:

Subject:	Assignment:	Time:

Date:	Name:

Subject:	Assignment:	Time:

Date:	Name:

Subject:	Assignment:	Time:

Date:	Name:	

Subject:	Assignment:	Time:

Date:	Name:

Subject:	Assignment:	Time:

Date:	Name:

Subject:	Assignment:	Time:

Date:	Name:	

Subject:	Assignment:	Time:

Date:	Name:

Subject:	Assignment:	Time:

Date:	Name:

Subject:	Assignment:	Time:

Date:	Name:

Subject:	Assignment:	Time:

Date:	Name:

Subject:	Assignment:	Time:

Date:	Name:	

Subject:	Assignment:	Time:

Date:	Name:

Subject:	Assignment:	Time:

Date:	Name:

Subject:	Assignment:	Time:

Date:	Name:

Subject:	Assignment:	Time:

Date:	Name:	

Subject:	Assignment:	Time:

Date:	Name:

Subject:	Assignment:	Time:

Date:	Name:

Subject:	Assignment:	Time:

Date:	Name:	

Subject:	Assignment:	Time:

Date:	Name:	

Subject:	Assignment:	Time:

Date:	Name:	

Subject:	Assignment:	Time:

Date:	Name:	

Subject:	Assignment:	Time:

Date:	Name:

Subject:	Assignment:	Time:

Date:	Name:

Subject:	Assignment:	Time:

Date:	Name:

Subject:	Assignment:	Time:

Date:	Name:	

Subject:	Assignment:	Time:

Date:	Name:	

Subject:	Assignment:	Time:

Date:	Name:	

Subject:	Assignment:	Time:

Date:	Name:

Subject:	Assignment:	Time:

Date:	Name:

Subject:	Assignment:	Time:

Date:	Name:

Subject:	Assignment:	Time:

Date:	Name:

Subject:	Assignment:	Time:

Date:	Name:

Subject:	Assignment:	Time:

Date:	Name:	

Subject:	Assignment:	Time:

Date:	Name:

Subject:	Assignment:	Time:

Date:	Name:	

Subject:	Assignment:	Time:

Date:	Name:

Subject:	Assignment:	Time:

Date:	Name:

Subject:	Assignment:	Time:

Date:	Name:

Subject:	Assignment:	Time:

Date:	Name:

Subject:	Assignment:	Time:

Date:	Name:	

Subject:	Assignment:	Time:

Date:	Name:	

Subject:	Assignment:	Time:

Date:	Name:

Subject:	Assignment:	Time:

Date:	Name:	

Subject:	Assignment:	Time:

Date:	Name:

Subject:	Assignment:	Time:

Date:	Name:

Subject:	Assignment:	Time:

Date:	Name:

Subject:	Assignment:	Time:

Date:	Name:

Subject:	Assignment:	Time:

Date:	Name:

Subject:	Assignment:	Time:

Date:	Name:

Subject:	Assignment:	Time:

Date:	Name:	

Subject:	Assignment:	Time:

Date:	Name:

Subject:	Assignment:	Time:

Date:	Name:	

Subject:	Assignment:	Time:

Date:	Name:

Subject:	Assignment:	Time:

Date:	Name:

Subject:	Assignment:	Time:

Date:	Name:

Subject:	Assignment:	Time:

Date:	Name:

Subject:	Assignment:	Time:

Date:	Name:

Subject:	Assignment:	Time:

Date:	Name:

Subject:	Assignment:	Time:

Date:	Name:

Subject:	Assignment:	Time:

Date:	Name:

Subject:	Assignment:	Time:

Date:	Name:	

Subject:	Assignment:	Time:

Date:	Name:	

Subject:	Assignment:	Time:

Date:	Name:

Subject:	Assignment:	Time:

Date:	Name:

Subject:	Assignment:	Time:

Date:	Name:

Subject:	Assignment:	Time:

Date:	Name:

Subject:	Assignment:	Time:

Date:	Name:

Subject:	Assignment:	Time:

Date:	Name:

Subject:	Assignment:	Time:

Date:	Name:

Subject:	Assignment:	Time:

Date:	Name:

Subject:	Assignment:	Time:

Date:	Name:

Subject:	Assignment:	Time:

Date:	Name:

Subject:	Assignment:	Time:

Date:	Name:	

Subject:	Assignment:	Time:

Date:	Name:

Subject:	Assignment:	Time:

Date:	Name:

Subject:	Assignment:	Time:

Date:	Name:

Subject:	Assignment:	Time:

Date:	Name:

Subject:	Assignment:	Time:

Date:	Name:

Subject:	Assignment:	Time:

Date:	Name:

Subject:	Assignment:	Time:

Date:	Name:

Subject:	Assignment:	Time:

Date:	Name:

Subject:	Assignment:	Time:

Date:	Name:

Subject:	Assignment:	Time:

Date:	Name:	

Subject:	Assignment:	Time:

Date:	Name:

Subject:	Assignment:	Time:

Date:	Name:	

Subject:	Assignment:	Time:

Date:	Name:

Subject:	Assignment:	Time:

Date:	Name:

Subject:	Assignment:	Time:

Date:	Name:

Subject:	Assignment:	Time:

Date:	Name:	

Subject:	Assignment:	Time:

Date:	Name:

Subject:	Assignment:	Time:

Date:	Name:

Subject:	Assignment:	Time:

Date:	Name:

Subject:	Assignment:	Time:

Date:	Name:

Subject:	Assignment:	Time:

Made in the USA
Monee, IL
03 January 2025